NOUVEAUX

DOCUMENS

RELATIFS

AU DUC DE NORMANDIE,

FILS DE LOUIS XVI.

NOUVEAUX DOCUMENS

RELATIFS

AU DUC DE NORMANDIE,

FILS DE LOUIS XVI,

ET CONTENANT

DE PRÉCIEUX DÉTAILS SUR LA DÉTENTION DE CE PRINCE A MILAN,
SUR LE BRUIT GÉNÉRALEMENT RÉPANDU DE SON MARIAGE
AVEC LA DUCHESSE DE BERRY, ETC., ETC.

Par une Société de vrais Croyans.

PARIS,

CHEZ Mme GOULLET, LIBRAIRE, PALAIS-ROYAL,
GALERIE D'ORLÉANS, N° 7;

ET CHEZ MM. LECOINTE ET PANGIN, LIBRAIRES,
QUAI DES AUGUSTINS, N° 49.

Avril 1833.

PARIS. IMP. DE L. E. HERHAN,
Rue St-Denis, 380.

NOUVEAUX DOCUMENS

RELATIFS

AU DUC DE NORMANDIE.

———————◦———————

Le temps marche, et l'opinion publique marche avec lui. Naguère encore on souriait, on haussait les épaules en entendant prononcer le nom de Louis XVII : ses Mémoires étaient un roman ; ses partisans, des insensés qui ne prétendaient à rien de moins qu'à ressusciter un mort..... Depuis, on a pu se convaincre que la vérité ne meurt jamais!

Dans son numéro du 3 décembre 1832, le *Journal du Commerce*, en rendant compte de l'ouvrage intitulé *Histoire secrète du Directoire* (1), contenait le passage suivant, par lequel on peut juger si le dauphin est réellement mort au Temple, et se faire une idée de l'acharnement avec lequel les Bourbons de la branche aînée travaillaient à faire disparaître toutes les preuves de l'existence de ce malheureux prince :

« .... Franchissons le reste pour arriver au chapitre XI, où commence l'intérêt historique. C'est là que se développe une série de révélations importantes. La première nous apprend l'existence d'un comité secret de la Convention, qui décida du sort des Bourbons demeurés en France, et qui empêcha le renouvellement en faveur de quelque autre Cromwell de l'étrange projet que les Anglais avaient conçu de faire épouser Madame royale par Robespierre. La seconde de

(1) Chez Ménard, libraire ; place Sorbonne, n° 3.

ces révélations n'est pas moins curieuse, mais par malheur elle est incomplète. Il s'agit du jeune Louis XVII. Il paraît certain qu'on a trompé le public sur la véritable époque et sur le lieu de sa mort. Cambacérès en convenait, mais il ne voulut jamais révéler ce qu'il savait sur ce point. On sera porté à croire qu'il y eut là-dedans un grand mystère, et que ce conventionnel y était initié, si l'on se rappelle les ménagemens dont les Bourbons rentrés usèrent envers ce régicide, et l'empressement avec lequel ils firent séquestrer ses papiers après sa mort. Cette saisie illégale, qui dépouilla momentanément les héritiers de l'archi-chancelier de leurs titres de famille, eut pour objet d'y faire le triage des papiers qui pouvaient découvrir ces mystères royaux. Ce triage eut lieu, dans le plus grand secret, au ministère de la justice, et l'on n'a jamais su ce que la dynastie avait trouvé dans ces écrits qui semblaient lui causer tant d'épouvante. »

Voilà une de ces révoltantes illégalités qui ont amené la chute du trône de Charles X. Eh bien! qui le croirait? le pouvoir né de la révolution de juillet ne craint pas de persévérer dans le même système de persécution, et un baptême de sang n'a pas suffi pour effacer en lui la tache originelle du pouvoir qui l'a précédé. Jusqu'ici le gouvernement de Louis-Philippe s'était contenté d'opposer un silence opiniâtre aux réclamations du duc de Normandie et de tous ceux qui ont osé élever la voix en faveur de ses hautes infortunes; il se flattait sans doute qu'on se lasserait de lui crier justice. Trompé dans son espoir, il veut aujourd'hui s'assurer par la force brutale un repos que n'a pu lui procurer sa force d'inertie. Le lundi 8 avril 1833, trois agens de police se sont présentés chez M. Boucher-Lemaistre, rue St-Martin, hôtel Jabach; ils étaient armés d'un mandat de M. Perrot, juge d'instruction, portant l'ordre exprès *de saisir tous les ouvrages, brochures ou écrits relatifs au duc de Nor-*

mandie. Ils ont choisi de préférence un jour où M. Boucher était absent de son domicile, afin de ne trouver aucun obstacle dans l'exécution de leur dessein. Aussi ont-ils saisi, sans opposition, plusieurs exemplaires 1° des *Mémoires* du prince, publiés en juillet 1831; 2° des *Révélations* de M. Labreli de Fontaine, dont la seconde partie a paru en juin 1832; 3° des *Souvenirs* de M. Morin de Guérivière, qui sont dans le commerce depuis le mois de novembre dernier (1).

De ces trois ouvrages, les deux premiers, ayant plus de six mois d'existence, avaient prescrit le droit de publicité; en outre, le premier avait acquis la sanction de ce droit par un jugement du tribunal de Paris, qui avait renvoyé M. Boucher de l'action intentée contre lui par le ministère public, à l'époque et à l'occasion de la mise en vente de ces Mémoires. Quant aux *Souvenirs* de M. Morin de Guérivière, ils ne contiennent qu'un simple exposé de faits personnels à l'auteur, et il ne s'y trouve pas une seule ligne qui soit de nature à motiver une poursuite en justice. Ainsi, par l'effet de cette saisie, M. Boucher-Lemaistre a été violemment dépouillé de sa propriété; il a été victime du plus odieux arbitraire, Où faut-il donc chercher la raison de cette mesure illégale, si ce n'est dans la frayeur que cause au gouvernement l'existence, aujourd'hui bien connue, du fils de Louis XVI? Et pourquoi le craignent-ils? Vient-il leur demander à la tête d'une armée l'héritage de ses ancêtres? Non, il ne revendique qu'une

---

(1) Dans la précipitation de leur zèle, ces estimables agens du pouvoir se sont emparés de plusieurs objets qui n'avaient pas été compris dans leur mandat. (*Note communiquée par M. Boucher-Lemaistre.*)

patrie, qu'un asile où il puisse enfin reposer sa tête : il ne veut être qu'*un Français de plus*. Mais ils voient en lui un Français qui désire sincèrement la liberté de son pays; qui hait l'arbitraire, l'état de siége et le juste-milieu : voilà pourquoi ils le redoutent; voilà pourquoi ils étouffent ses justes réclamations, et s'efforcent d'anéantir, par les moyens les plus coupables, tous les témoignages qui déposent de son existence. Imprudens! ils ne songent pas qu'en coupant une des têtes de l'hydre, ils en font surgir à la même place dix autres plus terribles : ils ne songent pas que la presse est là pour éclairer l'opinion, et en appeler à la justice du peuple.

De tous côtés on recueille et on publie chaque jour des documens importans dans l'intérêt du duc de Normandie. Les légitimistes eux-mêmes qui, en raison de leurs affections pour la famille déchue, se révoltaient à la seule idée que cette famille se fût attachée à persécuter le fils du roi-martyr; les légitimistes, disons-nous, ont été comme les autres forcés de céder à l'évidence; et maintenant, loin de révoquer en doute l'existence du prince, ils assurent que l'époux secret de la duchesse de Berry n'est autre que Louis XVII.

Sans admettre ni contester leur opinion, sur laquelle nous savons parfaitement à quoi nous en tenir, et dont le temps seul fera connaître la justesse ou l'inexactitude, nous allons rapporter deux articles fort curieux, le premier extrait du *Constitutionnel* (5 mars 1833), et le second de l'*Echo de Seine-et-Oise* (21 mars suivant).

Article du Constitutionnel.

« De toutes les inventions auxquelles se livre, depuis quelques jours, le parti légitimiste, dans sa confusion et dans son désespoir, voici la plus récente et peut-être la plus raisonnable. On assure, dans les nobles salons du faubourg Saint-Germain, que la duchesse de Berry a épousé en secret Louis XVII, qui, d'après des preuves irrécusables, a miraculeusement survécu aux vicissitudes de son enfance. La voilà donc, non plus seulement régente, mais reine de France. »

Cet article semble prouver que le rédacteur du *Constitutionnel* n'est pas éloigné de croire au bruit qu'il rapporte, ou du moins que ce bruit ne lui paraît pas *déraisonnable*. Il faut donc qu'il soit convaincu comme nous de l'existence du duc de Normandie : c'est pour cela sans doute qu'au lieu de se servir du conditionnel *aurait*, il dit positivement que ce prince *a* miraculeusement survécu aux vicissitudes de son enfance.

Article de l'Echo de Seine-et-Oise.

MARIAGE DE MADAME LA DUCHESSE DE BERRY.

« Enfin, la vérité a lui aux yeux d'un grand nombre de légitimistes ! Ils tiennent pour réelle et spontanée la déclaration de madame la duchesse de Berry. Ils ne pouvaient y croire, parce qu'on la présentait comme contraire aux sentimens de délicatesse dont elle a donné des preuves si multipliées.

Maintenant que le mystère leur a été révélé, ils félicitent leur héroïne, ils exaltent les motifs qui l'ont déterminée à contracter un nouveau mariage ; ils annoncent hautement qu'elle-même préconisera ces motifs au moment où il sera question de constater l'état de l'enfant auquel elle va donner le jour.

En attendant, voici les faits tels que je viens de les recueillir dans une nombreuse société d'adeptes, et dans trois ouvrages qu'on a mis sous mes yeux avec le projet de me convaincre (1).

(1) MÉMOIRES DU DUC DE NORMANDIE, fils de Louis XVI, écrits par lui-même.

QUELQUES SOUVENIRS destinés à servir de complément aux preuves de

Louis XVII existe !

Il ne s'agit point ici du roman d'Hervagault, ou des extravagances de Bruneau.

Le dauphin a été enlevé du Temple par un nommé Ojardias, dévoué à la cause des Bourbons, émissaire du prince de Condé.

Ojardias avait pour confident M. Morin de Guérivière, alors greffier du comité civil de la section de Bonne-Nouvelle ; il obtenait de lui des passeports à l'usage des émigrés visitant la France ; il s'en était fait délivrer un pour servir à l'évasion de Louis XVII.

Par un heureux hasard, il existait, entre le fils de M. Morin de Guérivière et le dauphin, la plus parfaite conformité de physionomie. Le premier avait, à la vérité, quelques années de plus que le jeune prince ; mais la petitesse de sa taille, et surtout la faiblesse de sa constitution, faisaient disparaître la différence d'âge et lui donnaient un air souffrant et maladif.

Ojardias conçut l'idée d'exploiter cette circonstance pour faire prendre le change au gouvernement et à la police.

Il conduisit lui-même le jeune Morin, du consentement de son père, chez M. Barge-Béal, à Thiers, où il fut honoré et fêté comme dauphin de France.

Le gouvernement ne tarda pas à suivre les traces du prétendu prince ; il le fit saisir, interroger et mettre en arrestation.....

Tandis que cette comédie se jouait à Thiers, le véritable dauphin qu'on avait caché en France, pendant plus d'un mois, passa la frontière.

Ojardias fut alors trouver le représentant Chazal, en mission dans le département du Cantal, lui prouva sans peine que l'individu arrêté n'était pas le dauphin, et obtint sa mise en liberté.

L'arrêté, signé *Chazal*, est produit ; il est enregistré, il fait mention des preuves fournies par Ojardias.

Le jeune Morin de Guérivière, ayant perdu son père, songea

l'existence du duc de Normandie, fils de Louis XVI, par *A. J. Morin de Guérivière*.

L'Existence de Louis XVII, prouvée par les faits et les prophéties, par M. *Fortin*.

Nota. Les trois ouvrages ci-dessus se trouvent chez madame Goullet, libraire, au Palais-Royal, galerie de Nemours, n° 7.

à faire ressource de ses talens. Il est devenu, à Paris, un fabri-
cant célèbre en nécessaires pour les dames et boîtes de fantaisie :
ses expositions ont fait fureur au Louvre, où il avait obtenu une
place distinguée, à la recommandation de madame de Château-
briand. Toutefois on lui refusait la médaille d'or, on ne lui ac-
cordait que la mention honorable.

Il vole aux Tuileries pour réclamer justice; il s'adresse à
Louis XVIII et à Monsieur comte d'Artois; il donne, avec sa
pétition, un mémoire sur les faits relatifs à son voyage à Thiers,
et copie de l'arrêté du représentant Chazal.

Il obtient la médaille d'or, mais il acquiert la triste convic-
tion que la branche aînée des Bourbons, instruite de l'existence
de Louis XVII, lui a voué une implacable haine.

Le bruit se répand que M. Morin de Guérivière a remis au
roi et à Monsieur, un mémoire tendant à prouver que Louis XVII
n'est pas mort au Temple; il reçoit des visites sans nombre;
il peut à peine répondre à toutes les questions qui lui sont
faites par les courtisans qui viennent en foule acheter ses mar-
chandises, pour avoir l'occasion de s'entretenir avec lui.

M. Morin de Guérivière se trouve avec Louis XVII lui-
même. Ils se communiquent réciproquement les circonstances
qui leur sont personnelles. Le prince raconte comment il est
sorti du Temple dans un cheval de carton qui avait amené à
sa place un enfant mourant; comment ensuite il a franchi la bar-
rière de Paris, caché dans un cheval de bois à ressorts, recou-
vert d'une véritable peau de l'animal qu'il représentait, et attelé
à une charrette vide, au milieu des trois chevaux qui la traî-
naient; comment il a passé la frontière *par les soins d'Ojardias;*
comment, détenu à Milan sur les instances de Louis XVIII, il
s'est échappé de sa nouvelle prison, M. de Guérivière reconnaît
l'identité parfaite de celui dont la physionomie offre d'ailleurs
une ressemblance absolue avec Louis XVI.

Voulez-vous une preuve sans réplique de cette seconde et
merveilleuse ressemblance, qui supplée à tous les raisonnemens?

M. Morin de Guérivière s'entretenait un jour de Louis XVII
avec un individu qu'il ne pouvait convaincre. Ce dernier rompt
tout-à-coup la conversation et s'écrie : *Si votre dauphin portait
la figure de l'homme qui passe en cet instant devant nous, je*

commencerais à vous croire. — *C'est lui-même,* répond M. de Guérivière.

Louis XVII a publié ses Mémoires ; M. Morin de Guérivière a fait imprimer son récit ; il est prêt à répondre à toutes les objections qu'on pourra lui adresser.

M. Fortin (1) rapporte les prophéties de saint Césaire, CONNUES DEPUIS CINQUANTE ANS. Ces prophéties avaient annoncé tous les événemens qui se sont passés sous nos yeux ; elles se terminent ainsi :

« Une régénération momentanée fera renaître un espoir que
» les factions détruiront. La légitimité entassera fautes sur fau-
» tes ; il y aura des conspirations, des commotions et des révo-
» lutions. La famine affligera cruellement le royaume. Le roi
» sera humilié jusqu'à la confusion. La couronne sera donnée à
» celui à qui elle n'appartiendra pas : mais un prince, CAPTIF
» DANS SA JEUNESSE, recouvrera la couronne des lis, et détruira
» les enfans de Brutus dans l'Ile. »

Ainsi plus de doute possible sur l'existence du fils de Louis XVI !

Ce roi légitime avait à peine appris que madame la duchesse de Berry quittait Holy-Rood, qu'il s'était porté à sa rencontre. Il l'avait trouvée en Italie, et lui avait prouvé, d'une manière irrésistible, que son fils n'était point appelé à régner aujourd'hui.

La régente de France avait bientôt compris qu'elle ne devait désormais combattre que pour Louis XVII, qu'elle pouvait devenir reine, et assurer, dans tous les cas, la succession au trône, soit à Henri V, soit à un autre fils qui naîtrait de son union avec le véritable roi. Elle n'avait pu hésiter un instant ; elle avait accepté la proposition d'un mariage secret, et réalisé ce mariage, pour n'être publié que dans les jours prospères d'une restauration nouvelle.

L'impénétrable Providence a voulu que madame de Berry fût arrêtée dans le cours de ses exploits, et qu'elle fût obligée de révéler son secret avant le temps, pour sauver son honneur attaqué par les ennemis de l'ordre social.

Qu'importe, au surplus, puisque sa conduite est au-dessus de tous les éloges !

(1) Pages 27 et suivantes.

Son mariage est l'acte d'un généreux dévoûment; il a pour but principal de reconquérir le trône pour l'enfant du miracle; il est, sous un autre rapport, le plus éclatant hommage qui jamais ait été rendu à la légitimité.

La révolution de 1830 n'est plus désormais qu'un juste châtiment réservé par le pouvoir céleste à la mémoire de Louis XVIII et de Charles X, qui n'ont pas craint de régner, au mépris de droits sacrés qui leur étaient si bien connus. Cette révolution n'est plus à nos yeux que le moyen dont s'est servie la main toute-puissante du roi des rois pour rétablir le duc de Normandie sur le trône de ses pères.

Gloria in excelsis (1). Admirons notre reine! attendons avec confiance le triomphe de Louis XVII. Si le trône, après lui, n'est pas occupé par Henri V, il le sera par le fils d'un roi trop long-temps méconnu, et dont l'avénement est enfin révélé de manière à convaincre les plus incrédules.

Tel est aujourd'hui le langage de plusieurs légitimistes.

Demain, peut-être, un autre système aura prévalu.

Quoi qu'il en soit, il faut être juste et convenir que le système du jour est presque logique et rationnel.

Deux astronomes s'étaient disputés long-temps sur la nature des taches du soleil. Un philosophe était intervenu, et avait posé en principe, qu'avant de discuter sur la nature des taches, il fallait prouver que les taches existaient.

Après un examen approfondi, il fut avoué qu'on ne voyait pas de taches au soleil (2).

L'on ne dit pas ici que la duchesse de Berry est mariée à Louis XVII, sauf à examiner ensuite si Louis XVII existe. On pose en fait qu'il est vivant, qu'il est armé de pièces irrécusables, et prêt à monter sur le trône. La conséquence paraît être que madame la duchesse de Berry a pu et dû l'épouser.

Jamais le parti n'avait aussi puissamment raisonné; il est à la hauteur de l'événement!

(1) Exclamation que répètent les adeptes chaque fois qu'ils ont fait intervenir le ciel à leur appui.

(2) Illusion de l'époque. Les astronomes montreraient actuellement des taches au soleil.

Mais il reste à montrer Louis XVII. Gare au raisonnement du philosophe qui ne se contentait pas des assertions des astronomes, et qui voulait voir par lui-même.

Cette petite difficulté vaincue, il faudrait encore savoir comment un souverain absolu, qui prétendrait que l'autorité royale réside tout entière en sa personne, parviendrait à remplacer celui qui règne par la volonté nationale, et qui ne peut gouverner que par des lois librement votées dans les deux chambres. »

D'après cet article, on voit que MM. les légitimistes sont plus entreprenans que Louis XVII lui-même. Passant à pieds joints par-dessus la reconnaissance d'état, ils veulent le faire monter tout droit sur le trône de France. Certes, voilà du dévoûment, et, dans l'occasion, le prince ne manquera pas sans doute de leur en témoigner toute sa reconnaissance. Mais, qu'ils y prennent garde : jusqu'à présent le duc de Normandie n'a point dit qu'il songeât à être roi; et, dans le cas où il lui vînt à l'idée de se mettre la couronne sur la tête, il voudrait la tenir, non des mains d'une faction, mais du vœu unanime du peuple français; il voudrait régner par les lois et non par les bayonnettes, s'entourer non de grilles et de fossés, mais de l'estime et de l'amour de ses concitoyens; tenir en respect l'étranger, non par des concessions humiliantes, mais par la puissance de ses armes; protéger la liberté de la presse et non l'asservir; enfin laisser à la postérité des institutions durables, et un souvenir à la fois glorieux et cher de son gouvernement.

Mais, en attendant que nous ayons à juger les actes du roi Louis XVII, occupons-nous du prince simple particulier, et, en cette qualité, beaucoup plus digne de notre intérêt à cause de ses malheurs.

Nous transcrivons en entier l'article suivant de l'*Observateur des Tribunaux*, journal mensuel, publié par M. Eugène Roch (1). On y verra quelle marche se propose de suivre le duc de Normandie pour arriver à faire constater son identité, et quels témoignages il doit invoquer à l'appui de sa demande.

Extrait de l'Observateur des Tribunaux, n° d'avril 1833.

LE DUC DE NORMANDIE.

« Le *Constitutionnel* du 5 mars contenait entre deux filets, c'est-à-dire de la manière la plus apparente, les lignes qui suivent :

« De toutes les inventions auxquelles se livre, depuis quel-
» ques jours, le parti légitimiste, etc. » (*Voyez plus haut, page* 8.)

Cet article du *Constitutionnel*, de nature à exciter la curiosité publique, nous engaga à accueillir et à placer sous les yeux de nos lecteurs une note qui nous est remise au sujet du duc de Normandie par M. Giovani di Gonzaga, noble Mantouan ; dans cette note sont énumérés les faits qui doivent appuyer une prochaine *demande en reconnaissance d'état* devant les tribunaux. Nous l'insérons, en restant dans l'esprit de neutralité absolue que commandent une chose non jugée et une série de faits entièrement nouveaux pour nous.

La légitimité n'étant plus en France la base du pouvoir, la dynastie qui occupe le trône est totalement désintéressée dans une question de ce genre. Il ne s'agit dès lors que de la solution d'une question civile mêlée d'un grand intérêt de curiosité historique.

On sait que ce fut en 1795 que l'on publia la mort du dauphin. La note qui nous est remise n'entre point dans les détails antérieurs à la restauration.

« En 1818, une invitation du comte de Lille fit ordonner la

(1) Le bureau de ce journal est rue de Provence, n° 63 bis. —

mise en arrestation d'un Français qui, au retour d'un long voyage, s'était fixé dans les états autrichiens en Italie. Cette opération fut dirigée par son propre cousin germain, François IV, duc de Modène, en sa qualité d'*inspecteur-général* de la police de la péninsule. Cet acte de complaisance qu'on ne saurait qualifier, tant il est monstrueux, fut précédé d'une visite des papiers du prince, lesquels, dûment paraphés et scellés par lui-même, furent remis à l'*inspecteur-général*.

« François, tout étonné du contenu du paquet qu'on venait de lui faire parvenir, et auquel il était bien éloigné de s'attendre, puisque, jusque-là, rien n'avait pu faire soupçonner la qualité du duc, hésita à passer outre, tant sa surprise était grande. En consultant ses souvenirs, il se rappelait confusément qu'on avait parlé, dans le temps, d'enlèvement et de fuite, ce qui contribuait à le rendre circonspect, et il craignait de sanctionner une iniquité ; mais l'influence malfaisante de ses *valets*, *Coçapani*, gouverneur de sa capitale, *Guicciardi*, grand majordome-major, *Boschetti*, grand majordome-major de l'archiduchesse mère, et *Besini*, directeur de la police, fut telle, qu'il consentit à commettre le crime le plus abominable de notre époque.

« Des conseillers plus prudens et plus justes, et même quelques-uns des membres de sa famille, l'engagèrent à s'abstenir jusqu'à plus ample informé, attendu qu'on n'avait rien à reprocher au prince, s'offrant en partie d'en répondre corps pour corps. Le crédit puissant des *valets* l'emporta, et l'outrage fut consommé, au grand scandale de l'Italie affligée, qui ne pouvait défendre cette illustre victime d'une fureur aveugle et intéressée. Et sur quoi se basèrent les lâches qui n'hésitèrent point à se rendre coupables de cet attentat contre le droit des gens ? Sur l'ordre d'un comte de Lille, et sur les principes du noble duc, qui ne coïncidaient nullement avec ceux de la *prétendue sainte-alliance*, découverte qui venait d'être faite à la lecture de partie des écrits saisis, quoiqu'ils n'eussent rien de commun avec les étrangers !...

« Louis, trop loyal pour soupçonner le piége qu'on lui tendait, se constitua prisonnier, tandis qu'il pouvait sortir sans obstacle des états autrichiens, et passer dans ceux du pape, dont il n'était éloigné que de quelques milles. Sur le compte que l'*inspecteur-général* en rendit à Vienne, le prince fut transféré à Milan, et remis ainsi à la disposition de l'empereur, son proche parent, qui ne rougit pas de s'abaisser au triste rôle de *geolier-courtier* du comte de Lille!!...

Appelé devant le magistrat délégué à cet effet, le duc déclina la compétence de l'Autriche, par la raison que, n'ayant commis aucune espèce de délit dans les états de qui que ce fût, il n'avait à répondre que de sa conduite depuis son arrivée en Italie, et nullement des faits antérieurs qui ne pouvaient en aucune manière regarder l'Autriche.

Cette réponse, péremptoire et positive, déconcerta le juge qui se vit forcé d'avouer, en hésitant, qu'il était chargé de lui demander *qui il était, d'où il venait, où il allait, comment et pourquoi il se trouvait sur les domaines dépendans de la maison d'Autriche ?* Silence de la part du prince, qui se retranchait dans les motifs de sa réponse. Il en fut de même pour toutes les autres questions, malgré la persistance du juge. Enfin, celui-ci lui ayant fait observer que cette résistance ne pouvait qu'aggraver sa position en prolongeant sa détention ; que le gouvernement, bien persuadé qu'il ne s'était rendu coupable d'aucun délit, désirait seulement savoir à quoi s'en tenir relativement à certaines lettres trouvées dans ses papiers et qui paraissaient de nature à exiger des éclaircissemens, afin d'être fixé sur sa personne ou sur les relations qu'il pouvait avoir eues avec le titulaire, si ce n'était pas lui ; circonstance grave, et qu'il l'engageait, dans son intérêt, à prendre en grande considération, parce que, s'il n'était pas le vrai et légitime propriétaire de ces lettres et papiers, il lui serait demandé un compte sévère de ce que ce propriétaire pourrait être devenu, ce qui entraînait une peine capitale à laquelle rien ne pourrait le soustraire : que si, au contraire, il disait purement et simplement la vérité, puisqu'on était bien certain de son identité, et que rien ne devait le faire rougir d'être allié à l'empereur, le gouvernement s'informerait si l'accusation dirigée contre lui était sérieuse, ce qui ne paraissait nullement probable, et le traiterait dès lors avec tous les égards dus à son rang et à sa qualité de proche parent du souverain ;

2

Louis, fatigué d'une inquisition à laquelle il n'était point habitué, fit la réponse suivante :

« *Comme particulier, et quoique je n'aie rien fait pour motiver l'acte rigoureux dont je suis la victime, je demande des juges.* COMME PRINCE ET SOUVERAIN, JE DÉCLARE QUE JE NE DOIS COMPTE DE MES ACTIONS QU'A DIEU, QUI SEUL A LE DROIT DE ME LE DEMANDER. »

Telle fut la fin de ce singulier procès, qui révèle toutes les turpitudes des oppresseurs et la résolution de la victime. A la suite de cette déclaration, le prince écrivit l'histoire de sa vie jusqu'au jour de son arrivée à Milan, et depuis ce moment jusqu'à l'époque de sa mise en liberté. D'après l'ordre formel de l'empereur d'Autriche, il ne lui fut adressé aucune question.

Aussitôt après sa sortie, le prince se hâta d'adresser ses justes réclamations aux législateurs de son pays; on en connaît l'issue, ainsi que des autres démarches faites par lui auprès de la duchesse d'Angoulême, sa sœur, de l'ex-roi Charles X, et de la chambre des députés lors de la proposition Bricqueville, en 1828, 1829, 1830 et 1831.

Septembre 1832. Arrivée du prince en France. Envoi de madame la marquise de N. auprès d'un respectable personnage, de la part de la duchesse de Berry, pour obtenir des renseignemens certains sur l'existence du duc de Normandie. Départ précipité de cette noble marquise après s'être entretenue avec ledit personnage.

Découverte faite par le prince de plusieurs personnes attachées autrefois à sa maison, qui déclarent avoir positivement reconnu en lui celui qu'elles ont vu enfant aux Tuileries et au Temple. Rencontre de quelques-uns de ses anciens camarades d'armes, qui reconnaissent en lui le même jeune homme qu'ils avaient vu en Egypte auprès de Kléber, et en Italie auprès de Desaix. Enfin, en 1832, reconnaissance du prince de la part d'un respectable serviteur d'une grande maison, quoiqu'il ne l'eût pas revu depuis environ trente ans. Au reste, voici ces déclarations :

1° Une femme anciennement attachée à la cour à la suite d'une des dames de la reine, ayant vu entrer, dans la maison qu'elle habite, un personnage dont elle était bien loin de soupçonner la présence, et l'ayant ravisé, reconnut positivement en lui le fils de Louis XVI, qu'elle avait vu et servi dans son enfance jusqu'au moment de la mise en état d'arrestation de toute la famille.

2° Une autre dame, ayant eu occasion de rencontrer dans le monde un personnage dont la physionomie ne lui paraissait pas inconnue, fit un appel à sa mémoire, et reconnut en lui le fils de Louis XVI, qu'elle avait approché plus d'une fois dans son enfance, soit au palais, soit dans les jardins.

3° Un respectable vieillard, ancien garde-suisse, et dont toute la vie n'a été qu'une continuité de campagnes et de services, tant dans les armées françaises que dans la magistrature, jusqu'en 1815, déclare que le hasard l'ayant mis en présence d'un personnage dont il était loin de soupçonner l'existence, il reconnut positivement en lui le fils de Louis XVI, qu'il avait eu occasion de voir à Versailles et ailleurs.

4° Un autre vieillard, ancien serviteur d'une grande maison, ayant eu occasion de rencontrer le prince en 1802, lors de son retour d'Italie, déclare avoir retrouvé dans un personnage vu par lui en 1832, le même qu'il avait vu trente ans auparavant, et avoir positivement reconnu en lui le fils de Louis XVI, dont sa maîtresse lui avait tant de fois parlé.

5° Une dame, employée dans l'intérieur des prisons du Temple par le concierge Mathé, ayant eu maintes occasions de voir toute la famille royale, et ayant surtout remarqué le dauphin, déclare qu'elle l'a vu sortir du Temple, et qu'en 1818, époque du procès de Bruneau, elle fut mandée par un haut fonctionnaire qui lui dit, après l'avoir fait entrer dans son cabinet : « *C'est donc vous qui vous permettez de dire que le fils de Louis XVI est vivant, et que vous l'avez vu sortir du Temple?* » Elle lui répondit qu'elle le disait, parce que la chose était vraie. Alors ce fonctionnaire lui répliqua : « S'IL VOUS ARRIVE ENCORE DE DIRE LA MÊME CHOSE, JE VOUS FERAI DISPARAITRE. » Cette dame, rentrée chez elle, resta trois semaines malade et au lit, des suites de la frayeur que cette menace lui avait causée.

6° Un noble marquis a déclaré, en présence de deux témoins dignes de foi, et qu'on citera au besoin, qu'en 1818, lors du procès de Bruneau, la duchesse d'Angoulême, l'ayant rencontré, le chargea d'une mission auprès du détenu en lui disant : « *Je sais que mon frère n'est point mort, allez et tâchez de savoir si c'est bien lui qui se présente.* » La duchesse donna au marquis quelques instructions, et l'engagea à demander à Bruneau quelques mots, avec l'injonction de lui rendre compte si le détenu les répétait sans le secours d'autrui, signe certain de son identité ; et, dans le cas contraire, elle pria le marquis de faire hâter sa mise en jugement ; ce qui eut lieu aussitôt après que ce marquis se fut assuré que Bruneau était réellement Bruneau, et non le prince frère de S. A. R. (1)

7° Un autre noble personnage déclare qu'ayant rencontré dans le monde un individu qu'on lui dit être le fils de Louis XVI, et voulant s'assurer si le fait était vrai, présenta au prince un écrit signé autrefois par lui et les autres membres de sa famille, lequel était adressé à Louis XVI après leur séparation, afin de lui donner un signe de vie. A la première inspection, et sans le lire, le prince, stupéfait de l'existence d'une pièce unique qu'il croyait détruite depuis si long-temps, récita de mémoire et avec une rare fidélité le contenu dudit billet, et ce, mot pour mot. Sur sa demande comment cette pièce se trouvait entre les mains de celui qui la lui présentait, puisqu'il était notoire que le roi, avant sa mort, avait anéanti ou brûlé tous ses papiers, il lui fut répondu que le hasard seul avait tout fait, et que ce billet, oublié sans doute par le roi, avait été trouvé dans le fond du tiroir de sa table. Dès lors plus de doute que celui à qui ladite pièce était présentée ne fût véritablement le fils de Louis XVI. C'est effectivement ce dont demeurèrent d'accord les personnes présentes à cette reconnaissance si surprenante.

8° Un docteur, qui a eu occasion de voir souvent la femme Simon, déclare que cette femme lui a dit, toutes les fois qu'il lui a parlé, que non seulement elle n'était point la cause de la mort du dauphin, mais qu'elle avait favorisé son enlèvement, puisqu'il sortit du Temple quelques jours avant la mort de son

(1) Circonstance digne de remarque : au moment où la duchesse chargeait le noble marquis de cette mission, *le prince, son frère, était arrêté en Italie depuis plusieurs mois, et elle ne l'ignorait pas !*..... Ceci n'a pas besoin de commentaire.

mari, et qu'elle l'avait revu et bien reconnu en 1802. Et on la faisait passer pour folle!!.....

9° D'une instruction faite dans le temps, il résulte que le prince a été vu à Namur en 1795, quelques jours avant celui assigné à sa mort.

10° Un ex-sous-préfet, ex-député, déclare qu'ayant entendu souvent parler de l'existence du fils de Louis XVI et de sa présence en Italie, il en fit part à l'ex-roi Charles X. Ce prince répondit brusquement : « *Ne parlons pas de ça, parlons d'autre chose.* » Cette réponse saugrenue fit disparaître tous les doutes du député, qui fut dès lors persuadé que tout ce qu'on lui avait dit du dauphin était vrai.

11° Un ancien militaire, employé en Egypte à l'état-major général, déclare y avoir vu un jeune homme auprès du général Kléber, et qui passait pour son neveu; qu'il l'a retrouvé en Italie, à Marengo, auprès du général Desaix, et enfin qu'il vient de reconnaître, dans le duc de Normandie, le même jeune homme qu'il a vu en Egypte et en Italie.

12° Un chef de musique de l'armée d'Egypte déclare avoir vu en Egypte, auprès du général Kléber, un tout jeune homme qui passait pour son neveu et que tout le monde savait être le fils de Louis XVI.

C'est armé de toutes ces preuves, corroborées des démarches de Joséphine, en 1802 et en 1814, et de sa mort violente, suite de la demande qu'elle fit à Alexandre en faveur du duc de Normandie; des diverses saisies des papiers des hauts fonctionnaires qui avaient occupé le pouvoir dans nos temps d'orage, et dont le triage a été fait, notamment de ceux de Cambacérès, qui, parfaitement au courant de tout ce qui concernait le duc, n'en a pas moins, quoiqu'il fût régicide, joui jusqu'à sa mort de la faveur du comte de Lille; des ordres donnés pour s'emparer de ceux de Barras et de tant d'autres; du retrait des mains de l'imprimeur, à Genève, des Mémoires de Fouché, qui contenaient certaine révélation qu'il importait au pouvoir d'étouffer, ce qui explique la position antérieure et actuelle de son fils, quoiqu'issu d'un régicide;

De l'enlèvement d'un personnage, la veille même de la mort de l'enfant détenu au Temple, après lequel le Directoire expédia

des commissaires qui l'arrêtèrent à Thiers, *comme étant le dau-*
phin, malgré la présence au Temple et la mort de celui qui pas-
sait pour tel, ce qui explique naturellement la conduite du représentant Chazal. Et, chose étonnante, celui qui emmena cet
enfant avait été chargé de conduire à Charette le dauphin enlevé environ une année avant!

D'une foule de renseignemens qu'on trouve dans tous les écrits
des contemporains, et d'autres qui se présenteront en temps et
lieux ; des dépositions de tous ses camarades d'infortune de Milan qui l'ont bien connu ;

Enfin, de titres précieux dont il est possesseur, et qui, produits au grand jour, quand le moment sera venu, dissiperont
tous les doutes, et lèveront le voile qui couvre tant et tant d'i-
niquités ;

C'est, cuirassé de tous ces documens, que le duc de Normandie s'est présenté à Me Leroy, avocat, rue Coquillière,
n° 12, pour l'engager à le diriger dans sa demande en reconnaissance d'état. Le droit est pour le prince ; nous verrons si la
magistrature fera enfin son devoir. »

GIOVANI DI GONZAGA.

— Nous n'ajouterons point de réflexion à la note que l'on
vient de lire, et nous la laisserons purement et simplement
produire son effet ; chacun en appréciera le contenu d'après ses
propres impressions. Sur quelques-uns des faits rapportés, il
existe des documens assez curieux que nous mettrons sous les
yeux de nos lecteurs dans un autre numéro. »

Cet article n'a pas besoin de paraphrase, les faits
y parlent assez d'eux-mêmes ; y ajouter, ce serait vou-
loir en affaiblir l'intérêt. Il nous reste à citer, à l'appui des détails que donne M. Giovani di Gonzaga sur
la détention du duc de Normandie à Milan, un extrait des *Mémoires de Silvio Pellico* (1), l'un des

(1) Le texte italien de cet ouvrage se vend chez Baudry, rue du Coq-St-
Honoré, et la traduction française chez Vimont, passage Véro-Dodat.

compagnons de captivité de ce prince. L'auteur de ces Mémoires est d'autant moins suspect de partialité, qu'il les a écrits en doutant que le personnage dont il parle fût réellement Louis XVII. Il avoue n'avoir pas osé lui faire part de ses doutes et lui demander une explication. Que ne l'a-t-il fait? Mais laissons-le parler lui-même.

CHAPITRE XVIII. — « .... Mon premier soin fut de visiter les murs de ma chambre. On y voyait quelques écrits, les uns tracés avec du crayon ou du charbon, d'autres gravés dans le mur. Je lus deux strophes françaises bien gracieuses; je me repens maintenant de ne pas les avoir apprises par cœur : elles étaient signées, *le duc de Normandie.*

Je me mis à les chanter, en y adaptant de mon mieux l'air de *la pauvre Madeleine;* mais une voix, venue de la prison voisine, me les chanta sur un autre air. Lorsqu'elle eut fini, je criai *bravo!* On me salua avec grâce, en me demandant si j'étais Français.

— Non, je suis Italien, et me nomme Silvio Pellico.

— L'auteur de *Francesca da Rimini?*

— Précisément.

On m'adressa des paroles pleines de politesse, et on me témoigna tout le regret qu'on éprouvait de me savoir en prison.

— Dans quelle partie de l'Italie êtes-vous né?

— Dans le Piémont; je suis de Saluces.

Aussitôt, nouveau compliment sur le caractère et l'esprit des Piémontais; quelques mots sur les grands hommes de Saluces, et en particulier sur Bodoni.

Ces louanges étaient fines comme celles qui viennent de l'homme qui a reçu une bonne éducation.

— Maintenant, Monsieur, me sera-t-il permis, lui dis-je, de vous demander votre nom?

— Vous venez de chanter quelques-uns de mes vers.

— Ces deux belles strophes qui sont ici sur le mur sont de vous?

— Oui, Monsieur.

— Vous êtes donc....

— Le malheureux duc de Normandie !

CHAPITRE XIX. — « Le geolier passait alors sous la fenêtre, et il nous imposa silence. Quel malheureux duc de Normandie, disais-je en moi-même? N'est-ce point le titre que l'on donnait au fils de Louis XVI? Mais indubitablement ce pauvre enfant est mort. Mon voisin est sans doute un de ces fous qui ont essayé de le faire revivre.

Déjà plusieurs se sont fait passer pour Louis XVII, et ont été reconnus imposteurs; celui-ci mérite-t-il plus de créance?

Je voulais rester dans ce doute, mais, malgré moi, j'étais incrédule, et je le suis encore. Je résolus cependant de ne point contrarier le malheureux, quelque fable qu'il me racontât. Peu d'instans après, il se mit à chanter, et notre conversation recommença.

Je lui demandai qui il était enfin. Il me répondit que c'était lui qui était Louis XVII, et s'éleva avec force contre Louis XVIII, son oncle, l'usurpateur de ses droits.

— Mais ces droits, comment ne les fîtes-vous point valoir lors de la restauration?

— Je me trouvais alors dangereusement malade à Bologne. A peine rétabli, je volai à Paris; je me présentai aux puissances alliées; mais ce qui était fait était fait. Mon oncle, aveuglé par l'injustice, ne voulut point me reconnaître; ma sœur s'unit à lui pour m'opprimer. Le duc de Condé seul eut la bonté de m'accueillir à bras ouverts, mais son amitié était impuissante. Un soir, dans les rues de Paris, je fus assailli par des sicaires armés de poignards, et j'eus toutes les peines du monde à échapper à leurs coups. Après avoir voyagé quelque temps en Normandie, je revins en Italie, et me fixai à Modène. J'écrivais souvent aux monarques de l'Europe, et particulièrement à l'empereur Alexandre, qui me répondait toujours avec le plus grand intérêt. Je ne désespérai pas d'obtenir enfin justice, ou du moins un apanage décent, si l'on croyait, par politique, devoir sacrifier mes droits au trône de France; mais je fus arrêté, conduit à la frontière du duché de Milan, livré au gouverneur autrichien, et je suis enterré ici depuis huit mois ; Dieu sait quand j'en sortirai !

Je ne crus guère à ses paroles, mais je ne pouvais douter qu'il ne fût renfermé, et j'éprouvai pour lui une grande compassion.

Je le priai de me raconter brièvement sa vie. Il me rapporta, dans tous leurs détails, les particularités que je savais déjà sur Louis XVII : comment on le confia au scélérat Simon, le savetier ; comment on voulut le porter à confirmer par ses paroles les infâmes calomnies qu'on déversait sur les mœurs de la reine, sa pauvre mère ; et finalement, comment une nuit on vint l'enlever, et comment un enfant, nommé Mathurin, ayant été mis à sa place, on put le sauver. Dans la rue, une voiture à quatre chevaux les attendait ; un de ces chevaux était en bois, et lui servit de retraite. Ils arrivèrent heureusement aux bords du Rhin, et après avoir passé la frontière, le général qui l'avait sauvé (il me dit bien son nom, mais je l'ai oublié depuis) lui servit pendant quelque temps de gouverneur et de père, et l'envoya ou le conduisit ensuite en Amérique. Là, le jeune roi sans royaume passa par bien des aventures, souffrit la faim dans les déserts, fut soldat, vécut honoré et heureux à la cour du roi de Brésil, et enfin fut calomnié, persécuté, obligé de fuir. Il revint en Europe sur la fin du règne de Napoléon, et fut retenu prisonnier à Naples par Joachim Murat. Quand il se vit libre, et sur le point de réclamer son royaume de France, il fut frappé à Bologne de cette funeste maladie, qui donna à Louis XVIII le temps de se faire proclamer roi (1).

CHAPITRE XX. — « Il racontait cette histoire avec un air surprenant de vérité. Je ne pouvais le croire, et cependant j'étais étonné : il connaissait très-bien tous les faits de la

(1) L'exacte conformité de ces détails avec ceux que le duc de Normandie a donnés dans ses Mémoires, prouve évidemment, même pour les plus incrédules, que ce prince est bien le personnage qui a partagé la captivité de Silvio Pellico. Quelque romanesques qu'aient pu paraître à certaines gens les autres aventures de Louis XVII, il n'y a plus désormais aucune raison de les révoquer en doute. Du reste, comme on l'a vu plus haut, il existe plusieurs personnes qui attestent l'avoir connu en Egypte sous Kléber, et en Italie sous Desaix. Les noms de ces personnes seront produits quand il en sera temps.

révolution française, il en parlait avec facilité et éloquence; il savait à tout propos raconter quelque anecdote intéressante. Il y avait en lui quelque chose de la brusquerie militaire tempérée par l'élégance que donne l'usage de la bonne société (1).

— Me permettrez-vous, lui dis-je, de vous traiter sans cérémonie et sans vous donner vos titres?

— C'est là ce que je demande, me répondit-il; j'ai du moins appris par le malheur à me rire de toutes les vanités. Je vous assure que je m'estime plus comme homme que comme roi (2).

Matin et soir, nous conversions ensemble, et ses prétentions royales mises de côté, son âme me paraissait bonne, candide et portée avec ardeur vers le bien. Plusieurs fois je fus sur le point de lui dire : je voudrais croire que vous êtes Louis XVII, mais, pardonnez-le-moi, je vous prie, je vous avoue que je suis dominé par une croyance contraire ; ayez enfin assez de franchise pour renoncer à cet artifice. Et je repassai dans ma tête un beau discours pour lui prouver la vanité de tout mensonge, même de celui qui paraît innocent. Je différai de jour en jour, attendant que notre intimité fût devenue encore plus étroite, et je n'osai jamais exécuter mon projet.

Quand je réfléchis à ma timidité dans cette circonstance, je tâche de trouver une excuse dans la politesse, dans la crainte de l'affliger ; que sais-je?... Mais je ne suis point satisfait de ces excuses, et je ne puis me dissimuler que je serais plus content de moi si j'avais tenu au prisonnier le discours que j'avais préparé. Feindre de croire une imposture, c'est une lâcheté ; il me semble que je ne le ferai plus.

Oui, lâcheté! il est certain que si, négligeant un préambule délicat, je dis à quelqu'un : je ne vous crois point, il se courrou-

(1) Pour tout homme qui connaît le duc de Normandie, ce peu de lignes sont la peinture exacte de son caractère. Personne ne joint à une mémoire plus précise une érudition plus vaste et une plus grande facilité d'élocution. Toutes les circonstances de sa vie lui sont tellement présentes, qu'il les raconte dans les moindres détails et sans avoir oublié le nom d'aucune des personnes qui y ont eu quelque part.

(2) Nous avons entendu plusieurs fois le prince exprimer la même pensée dans des termes à-peu-près semblables.

cera, je perdrai son amitié, il m'accablera peut-être d'injures ; mais tout sacrifice est plus honorable que le mensonge, et peut-être le malheureux qui nous comblera d'injures, voyant que son imposture n'est pas crue, admirera en secret notre sincérité ; et peut-être cette réflexion le fera-t-elle entrer dans une meilleure voie.

Les *seconds* (c'est ainsi qu'on appelle les garçons geoliers) penchaient à croire que c'était vraiment Louis XVII (1). Ayant vu tant de changemens de fortune, ils ne désespéraient point de le voir un jour sur le trône de France ; ils espéraient qu'il aurait bon souvenir de leur zèle à le servir : on faisait tout ce qu'il désirait, excepté de favoriser sa fuite.

Cela me procura le plaisir de voir ce grand personnage. Il était de taille médiocre, âgé de quarante à quarante-cinq ans ; il avait de l'embonpoint, et précisément la physionomie des Bourbons. Il est probable que ce fut cette ressemblance qui le porta à jouer ce triste rôle (2). »

(Traduit de l'italien, par M. Dalauze.)

Si cet écrit n'est pas l'œuvre d'un homme convaincu, on ne peut du moins disconvenir que ce ne soit celle d'un homme de bonne foi. Silvio Pellico a établi un fait qu'il était fort important de constater, parce que c'était un de ceux sur lesquels les incrédules élevaient le plus de contestations. S'il se fût expliqué franchement avec l'auguste prisonnier, il aurait bientôt reconnu que *cet air surprenant de vérité* qu'il avait

(1) Cette révélation est d'une haute importance. M. Silvio Pellico ne pouvait donner un plus fort témoignage de la croyance générale où l'on était, dans la prison de Milan, que l'illustre captif était réellement Louis XVII.

(2) Ceci est l'opinion personnelle de M. Silvio Pellico. Il n'en est pas moins certain que le portrait qu'il fait de la personne du prince est aussi frappant que celui qu'il fait de son caractère.

remarqué en lui, n'était point joué, et que *cette âme bonne, candide et portée avec ardeur vers le bien,* ne pouvait être celle d'un imposteur. Au reste, il est essentiel de faire observer que Silvio Pellico a fait imprimer ses Mémoires à Turin, où la censure règne avec le plus affreux despotisme; et de même qu'il s'est vu dans la nécessité de passer sous silence les raisons politiques qui ont provoqué les rigueurs inouïes dont il a été victime, il a pu se croire, par le même motif, forcé d'employer la forme dubitative pour rapporter ce qu'il savait de relatif au duc de Normandie.

Aux documens que nous venons de mettre sous les yeux du lecteur, nous pourrions en joindre d'autres non moins propres à exciter son intérêt et à piquer sa curiosité; mais le temps n'est pas encore venu de les rendre publics. Un grand procès doit se plaider à la face de l'Europe; les mêmes magistrats qui ont condamné l'état de siège seront appelés à prononcer sur le sort du fils d'un roi! C'est alors que tout sera dévoilé, que toutes les turpitudes seront mises au grand jour. Le peuple assistera aux débats, et cette fois il sera juge aussi: on ne le trompera pas toujours. Sans doute il y aura bien des menées, bien des intrigues de haut-lieu : la justice sera circonvenue, les Parisiens s'entendront encore décorer du nom si flatteur de *chers camarades;* mais la justice tiendra ferme, et les Parisiens, nous disons plus, tous les Français appuieront sa décision.

FIN.